2022

D1726649

FÜR MEINE (UNSERE)
LIEBEN

LUKAS UND

VANESSA

nicht vergessen →

VON WEGEN
WIEDERKOMMEN

DU MÊME AUTEUR

Jardins et jardiniers en Languedoc, Éditions Alcide, 2011.
Uzès, Éditions Alcide, 2010.
Fleurs sauvages des Cévennes, Éditions Alcide, 2009.
Montpellier, Éditions Alcide, 2008.
Cévennes, Éditions Alcide, 2008.
Cévennes, couleurs du monde, Ysabelle Lacamp, Jean du Boisberranger, Éditions du Rouergue, 2003.

DANS LA MÊME COLLECTION

Insectes du Sud, Alain Fournier, 2013.
Cévennes, Mario Colonel, 2012.
Camargue, Thierry Vezon, 2012.
Causses, Jean-Louis Aubert, 2012.
Fleurs sauvages des Cévennes, Jean du Boisberranger, 2009.
Montpellier, Jean du Boisberranger, 2009.
Cévennes, Jean du Boisberranger, 2008.

OUVRAGES PARUS AUX ÉDITIONS ALCIDE

www.editions-alcide.com

© **Alcide**, 2013
11, rue Marc-Sangnier
30900 Nîmes
Tous droits de traduction, de reproduction et d'adaptation réservés pour tous pays.

ISBN 978-2-917743-48-5

D'UZÈS AU PONT DU GARD

JEAN DU BOISBERRANGER

amitié Gerda et Michel ♡

Uzès
joyau du Languedoc

Célèbre pour son magnifique patrimoine médiéval, sa cathédrale, son duché, Uzès est une ville méditerranéenne charmante, aux ruelles bordées d'hôtels particuliers et aux places accueillantes où ont lieu marchés et fêtes populaires. Jean Racine y séjourna, André Gide, originaire de la région, apprécia la douceur d'y vivre. Évêché dès le Ve siècle, vicomté, puis duché au XVIe siècle, ville marquée par la Réforme, Uzès est riche d'une histoire que l'on découvre grâce à ses monuments remarquablement conservés.

La naissance d'*Ucetia*

Les plus anciennes traces d'agglomération près d'Uzès, datées de 100 000 ans, sont visibles au bord de l'Alzon, à proximité de la source d'Eure. Entre le Ve siècle et le IIe siècle avant notre ère, une agglomération s'établit sur un site surélevé. Du IIIe siècle

Uzès
Languedoc's gem

Famous for its magnificent medieval heritage, its cathedral and its duchy, Uzès is a charming Mediterranean town – its narrow streets lined with mansions and its friendly squares bustling with markets and feasts. Jean Racine lived there, and André Gide, who was born in the region, appreciated its mellow lifestyle. As a bishopric from the fifth century; a viscounty and then a duchy in the sixteenth century; and as a town marked by Reform, Uzès boasts a rich history that may be discovered through its remarkably preserved monuments.

The birth of *Ucetia*

The oldest signs of a settlement near Uzès, about one hundred thousand years old, are to be found by the Alzon river, near the Eure spring. Between the fifth and second centuries B.C., a settlement was built on a high site. From the third century until the

au début du IIe siècle avant J.-C., la future cité est peuplée par les Volques Arécomiques qui connaissent l'écriture et frappent monnaie. Tout autour, le paysage se transforme : les hommes plantent vignes et oliviers, les villages apparaissent.

Avec l'arrivée des Romains en 121 avant J.-C, la région devient province de Transalpine puis Narbonnaise. Une inscription retrouvée à Nîmes près des jardins de la Fontaine porte la mention *Ucetiae*. La ville d'Uzès est mentionnée pour la première fois dans les archives au IVe siècle de notre ère. Au Ve siècle, elle est connue sous le nom de *castrum Ucetiense*. Si l'histoire d'Uzès durant l'Antiquité demeure très méconnue, les Romains lui donnent vraisemblablement un rôle administratif et culturel pour la population des alentours. La ville romaine occupe l'espace du centre historique actuel. Uzès est déjà réputée comme un carrefour routier important sur l'itinéraire reliant Lyon à Nîmes. Au IVe siècle, le christianisme gagne la région. Uzès accède au rang d'évêché au Ve siècle. De 419 à la Révolution, soixante-quatre prélats vont se succéder et marquer la ville de leur empreinte.

start of the second century B.C., the future city was populated by the Volcae Arecomici, who were familiar with writing and struck their own coins. All around the settlement, the landscape was transformed: the settlers planted vineyards and olive trees, villages sprouted up.

With the arrival of the Romans in 121 B.C., the region became part of the Transalpine and then the Narbonnaise province. An inscription found in Nîmes near the Jardins de la Fontaine refers to *Ucetiae*. The town of Uzès first appears in the archives in the fourth century A.D. In the fifth century, it was known under the name of *castrum Ucetiense*. Although very little is known about the history of Uzès during Antiquity, it appears that the Romans used it as an administrative and cultural centre for the surrounding population. The Roman city was located in the same spot as the current historical centre. At the time, Uzès was already known as an important crossroads on the itinerary from Lyons to Nîmes. In the fourth century, Christianity reached the region. Uzès became a bishopric in the fifth century. From 419 until the French revolution, sixty-four prelates served in the city and left their mark on it.

Uzès au Moyen Âge

Dès le Ve siècle, la ville devient un centre politique et religieux sous l'impulsion d'évêques puissants et bâtisseurs qui ont en outre le droit de battre monnaie et de rendre justice. Uzès développe son commerce avec l'Orient et devient cosmopolite. Au pouvoir religieux s'ajoute celui d'une seigneurie dont l'existence est attestée par une charte de 1088. L'Église et les seigneurs, souvent en conflit, vont doter la ville de magnifiques monuments. Quatre tours qui comptent parmi les plus beaux édifices du Languedoc caractérisent toujours le cœur médiéval de la ville gardoise.

Élevée par le troisième seigneur d'Uzès, Bermond Ier (1138-1181), la tour Bermonde est un élément essentiel de la demeure seigneuriale, mesurant quarante mètres de haut et seize de côté. Au XIXe siècle, dans une phase de restauration, ont été ajoutées des échauguettes. Deux autres demeures seigneuriales se dressent au sud du château : la tour du Roi et la tour de l'Évêque. La première, de plan carré, a l'allure d'une tour-beffroi. Édifiée à la fin du XIIe siècle, haute de vingt-cinq mètres, elle est vendue en 1497 au roi de France Charles VIII. Un juge royal occupe alors l'édifice transformé en prison. Quant à la tour de l'Évêque, elle abrite jusqu'à la Révolution le siège du pouvoir temporel de l'évêque,

Uzès in the Middle Ages

From the fifth century, the town became a political and religious centre, under the impetus of powerful bishops who eagerly built new monuments. They also had the right to strike their own money and to dispense justice. Uzès developed trade with the Orient and became cosmopolitan. Religious authorities had to share power with a lordship, which was confirmed by a charter in 1088. Often at loggerheads, the Church and the lords endowed the city with superb monuments. The city's medieval centre is still dominated by four towers, which are among the most beautiful constructions in the Languedoc region.

Built by the third lordship of Uzès, Bermond 1st (1138-1181), the Bermonde tower is an essential part of the seigniorial residence, forty metres high and sixteen metres wide. Watchtowers were added in the nineteenth century, when the property was restored. Two other seigniorial residences stand south of the castle: the King's tower and the Bishop's tower. The former, with a square layout, has the shape of a belfry tower. Erected at the end of the twelfth century, twenty-five metres high, the tower was sold in 1497 to the King of France, Charles VIII. A royal judge then occupied the building, which became a jail. As for the Bishop's tower, until the French revolution is was the seat of the bishop's

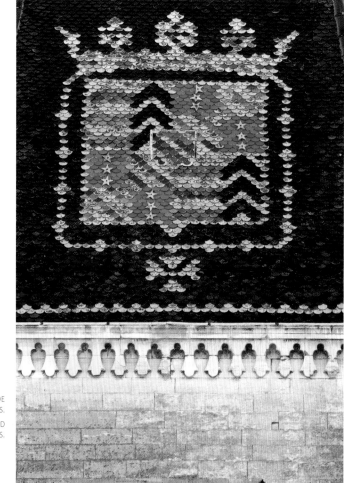

LE DUCHÉ, SON TOIT DE
TUILES VERNISSÉES.

THE DUCHY, ITS ROOF COVERED
WITH VARNISHED TILES.

notamment judiciaire. Depuis 1833, le monument sert de tour d'horloge et de beffroi municipal. Enfin, adjacente à l'église de l'évêché, la tour Fenestrelle symbolise l'autorité de l'évêque. Construite à partir de la fin du XIe, elle s'élève sur cinq étages dont les deux premiers datent de l'époque romane. Le reste de la tour est construit au XVIIe siècle.

Au XIIIe siècle, les évêques sont la plus puissante autorité de l'Uzège. Parallèlement, le consulat, pouvoir municipal, voit le jour vers 1200. Peu à peu, la bourgeoisie d'Uzès gagne en autorité face au pouvoir ecclésiastique. La communauté participe à la vie urbaine, en particulier concernant les quartiers, voieries, taxes et impôts, activités économiques. Les marchands s'installent dans la ville, organisent avec les artisans la place du marché, devenue place aux Herbes, construite arceau par arceau entre la fin du XIIIe et le début du XIVe siècle. Uzès est alors une ville prospère et le roi donne à Robert Ier d'Uzès le titre de vicomte, en récompense de sa fidélité.

temporal powers, particularly his judicial power. Since 1833, the monument has been serving as a clock tower and as a municipal belfry. Lastly, adjacent to the bishopric's church, the Fenestrelle tower symbolises the bishop's authority. Built from the end of the eleventh century, it rises on five levels, the first two of them dating to the Romanesque period. The rest of the tower was built in the seventeenth century.

In the thirteenth century, the bishops held the highest authority in the Uzège region. However, the consulate, representing the municipal authorities, was established around 1200. Little by little, the burgesses of Uzès took over power from the Church. The citizens' community contributed to urban life, particularly with regards to the neighbourhoods, street maintenance, taxes and economic activities. Traders settled in the city and together with craftsmen they organised the market square, which became the Place aux Herbes. Its arches were built one after the other between the end of the thirteenth century until the beginning of the fourteenth century. Uzès was then a prosperous city and the King bestowed on Robert 1st of Uzès the title of viscount, as a reward for his loyalty.

Uzès, premier duché de France au temps de la Renaissance et de la Réforme (1523-1629)

En 1486, la Maison de Crussol, en la personne de Jacques, baron de Crussol, s'allie avec la Maison d'Uzès dont la seule descendante est Simone, fille unique du vicomte d'Uzès et dernière représentante directe de la première Maison d'Uzès. La vicomté d'Uzès est érigée en duché en 1565 et en pairie en 1572 par Charles IX. Depuis, au parlement et au sacre du roi, le duc d'Uzès a préséance sur toutes les maisons nobles de France, d'où le titre de « Premier pair de France ». C'est aujourd'hui le plus ancien Duché Pairie subsistant en France. Antoine, vicomte d'Uzès et baron de Crussol, devient le premier duc d'Uzès.

La Réforme a profondément marqué la ville d'Uzès. Lieu de passage, Uzès s'est très tôt ouverte aux nouvelles pensées religieuses. Un évêque, Jean de Saint-Gelais, est même gagné aux idées de la Réforme dès 1531. Louise de Clermont, épouse du premier duc et gouvernante du jeune roi Charles IX, fréquente Coligny, les chefs huguenots, et entretient une relation épistolaire avec Calvin. Les premières Églises réformées sont dressées. Uzès est désormais la cinquième ville huguenote du royaume. Un temple est bâti en 1567. Les guerres de religion frappent alors

Uzès, first duchy of France, from the Renaissance until the Reform (1523-1629)

In 1486, the House of Crussol, represented by Jacques, baron of Crussol, sealed an alliance with the House of Uzès. The latter's sole descendant was Simone, the only daughter of the viscount of Uzès and the last direct descendant of the first House of Uzès. The viscounty was elevated to the status of duchy in 1565 and of peerage in 1572, as ordered by Charles IX. From thereon in, the duke of Uzès had precedence over all the other noble houses of France in Parliament and at the King's coronation, hence the title of First peer of France. Uzès is the oldest remaining Ducal-Peerage in France. Antoine, viscount of Uzès and baron of Crussol, became the first duke of Uzès.

The Reform left a deep mark on Uzès. A crossing point, Uzès opened up to new religious thought from an early stage. The bishop Jean de Saint-Gelais even adhered to the thinking of the Reform from 1531. Louise de Clermont, wife of the first duke and governess of the young King Charles IX, kept company with Coligny and the huguenot chiefs, and she corresponded with Calvin. The first Reformed churches opened around this time, and Uzès became the fifth-largest huguenot city in France. A temple was built in 1567. But then, the region became engulfed

la région. En 1572, Galiot de Crussol fait partie des victimes de la Saint Barthélémy, avec d'autres nobles uzétiens.

En 1573, Jacques de Crussol succède à Antoine. Chef protestant connu sous le nom de baron d'Acier, Jacques de Crussol s'est converti au catholicisme et s'oppose alors au gouverneur du Languedoc, le duc de Montmorency-Damville, protecteur des protestants. Les églises sont saccagées, les combats font rage dans Uzès dont les faubourgs sont détruits. La ville chasse finalement les derniers ecclésiastiques.

En 1598, Henri IV promulgue l'édit de Nantes qui accorde la liberté de conscience et de culte, autorise l'organisation d'une Église protestante et concède une centaine de places de sûreté aux protestants. Uzès est l'une d'elles. Les consuls sont « gouverneurs » d'Uzès et lèvent une milice bourgeoise. Les catholiques reviennent à Uzès et les mariages mixtes sont fréquents. L'évêque essaie de retrouver ses privilèges et son autorité sur les consuls.

Mais l'Histoire n'offre qu'un bref répit. Henri IV est assassiné en 1610. Louis XIII lui succède et nomme en 1624 Richelieu au poste de Premier ministre. Il met fin à la révolte du parti protestant menée par Henri de Rohan à partir des villes de Privas, Montpellier et Nîmes. C'est au cours de ce soulèvement que la cathédrale et les bâtiments religieux sont détruits. En 1629, la paix d'Alais

in religious violence. In 1572, Galiot de Crussol was among the victims of the Saint-Barthelemy massacre, along with other noblemen from Uzès.

In 1573, Jacques de Crussol succeeded to Antoine. A protestant chief known under the name of The Steely Baron, Jacques converted to catholicism and crossed swords with the governor of the Languedoc, the duke of Montmorency-Damville, who protected the protestants. Churches were ransacked, fighting raged in Uzès and its suburbs were destroyed. The last ecclesiastics were driven out of the town.

In 1598, Henri IV promulgated the Edict of Nantes, which granted freedom of conscience and worship, authorised a protestant church organisation and granted about one hundred places of safety for protestants. Uzès was one of them. The consuls became "governors" of Uzès and set up a citizens' militia. Catholics returned to Uzès and mixed marriages were frequent. The bishop attempted to regain his privileges and some of the powers that had gone to the consuls.

Yet history only offered a short respite. Henri IV was assassinated in 1610, Louis XIII succeeded him and he appointed Richelieu Prime minister in 1624. He quashed the revolt of the Protestant party, which was led by Henri de Rohan from Privas, Montpellier and Nîmes. It was during this uprising that the cathedral and the

(Alès), supprime les privilèges politiques et militaires des protestants – les places de sûreté – mais maintient la liberté de culte. Uzès demeure cependant largement protestante et doit sa fortune à une riche bourgeoisie du textile et du négoce.

La reconquête catholique du XVIIᵉ siècle

Commence dès lors le profond mouvement de la contre-réforme, marqué par la fondation de couvents, la reconstruction des églises et la restriction progressive de la liberté des protestants. Les jésuites s'installent à Uzès, tout comme plusieurs ordres religieux. Louis XIII nomme l'évêque de Grillet à Uzès, l'un des diocèses les plus dévastés du royaume. Le roi en personne exige la reconstruction immédiate de la cathédrale. C'est le plus gros chantier de la ville en cette seconde moitié du XVIIᵉ siècle. En 1661-1662, Jean Racine séjourne à Uzès, les femmes ont raison de son engagement dans les ordres : « Vous saurez qu'en ce pays-ci on ne voit guère d'amours médiocres : toutes les passions y sont démesurées ; et les esprits de cette ville, qui sont assez légers en d'autres choses, s'engagent plus fortement dans leurs inclinations qu'en aucun autre pays du monde. » (*Lettres d'Uzès*). Le palais épiscopal est à son tour relevé en 1662.

religious buildings of Uzès were destroyed. In 1629, the peace treaty of Alais (Alès) removed the political and military privileges granted to Protestants, particularly the places of safety, but it upheld the freedom of worship. Uzès remained mostly protestant and owed its fortune to a few wealthy families involved in trading and the textile industry.

The catholic recovery in the seventeenth century

The following years saw the start of a far-reaching counter-reform drive, marked by the foundation of convents, the reconstruction of churches and the gradual restriction of the freedom of protestants. Jesuits settled down in Uzès, along with several other religious orders. Louis XIII appointed the bishop of Grillet in Uzès, one of the most dilapidated dioceses of the kingdom at the time. It became one of the town's biggest construction works in the second half of the seventeenth century. In 1661 and 1662, Jean Racine stayed in Uzès and his interest in women prevented him from taking holy orders: "Be aware that, around here, one hardly ever sees mediocre loves: all passions are immoderate; and the spirits of this city, which are rather light-hearted in other matters, pursue their love interests more intensely than in any

LA FONTAINE DE LA
PLACE AUX HERBES.

THE FOUNTAIN OF THE
PLACE AUX HERBES.

En 1675, le roi Louis XIV ordonne que les fidèles de la religion prétendue réformée (R.P.R.) d'Uzès et de sa banlieue soient exclus du consulat et du conseil politique de la ville. À la révocation de l'édit de Nantes, en 1685, le temple est détruit, les conversions forcées et les abjurations des protestants ont lieu en public, sur la place aux Herbes. Certains protestants jugés « fanatiques » sont enfermés dans la tour de l'Évêque. La guerre des Camisards (1702-1710) éclate en Cévennes et dans l'Uzège. Devant ces persécutions et ces brimades, nombre d'hommes d'affaires quittent la ville.

La prospérité retrouvée des XVIIIe et XIXe siècles

Le calme revient cependant dans la région. Peu à peu, les assemblées de protestants reprennent, tolérées... et taxées. La ville connaît alors une phase de prospérité. Les magnaneries et filatures se multiplient, Uzès est renommée pour sa production de bas de soie. C'est à cette époque qu'apparaissent les armoires d'Uzès, meuble simple mais renommé, fait de bois au décor raffiné. En 1725, le duc et l'évêque font alliance pour embellir Uzès. Les fossés derrière le rempart sont comblés pour en faire une

other country in the world". The episcopal palace was rebuilt in 1662.

In 1675, the King ordered that followers of the "so-called reformed religion" in Uzès and its surroundings should be excluded from the consulate and the city's political council. After the revocation of the Edict of Nantes, in 1685, the temple was destroyed, while forced conversions and abjurations of protestants took place in public, on the place aux Herbes. Some protestants who were deemed "fanatical" were locked up in the Bishop's tower. The Camisards war (1702-1710) erupted in the Cévennes and the Uzège region. Faced with persecution and harassment, many business people left the town.

Return to prosperity in the eighteenth and nineteenth centuries

The region settled down again. As time went by, protestants again started holding assemblies, which were not only tolerated but also taxed. The town then enjoyed another period of prosperity. Textile mills multiplied and Uzès became famous for its silk stockings. The same period saw the spread of Uzès' wardrobes a simple but well-known piece of furniture, made of wood with

promenade. De beaux hôtels particuliers comptant plusieurs fenêtres en façade voient le jour.

Le duché profite de cette bonne fortune. Le duc Charles-Emmanuel (1739-1760) entretient une relation épistolaire suivie avec Voltaire. À sa mort, la fortune ducale est à son apogée. Son fils François-Emmanuel est l'un des plus grands propriétaires fonciers du royaume, possédant des terres en Vivarais, Bourgogne, Quercy, Poitou, Saintonge et l'hôtel d'Uzès à Paris.

De 1815 à 1848, période calme pour la France, la vie traditionnelle reprend, essentiellement agricole et artisanale. La ville connaît un début d'industrialisation, notamment au bord de l'Alzon. En 1854, près de trente fabriques sont recensées. En 1860, Henri Lafont crée une usine de réglisse dont s'occupe son gendre, Henri Abauzit. Celui-ci dépose la marque Zan en 1884. La faïence se développe à Uzès à partir des années 1820. Les ateliers fournissent des objets de céramique fine et variés. La céramique marbrée apparaît en 1835.

Tout au long du siècle, la ville est embellie et assainie. On construit la route de Nîmes en 1821. En 1873, la cathédrale se voit dotée d'une nouvelle façade de style néo-roman, la première étant jugée trop pauvre. Les rues sont éclairées au gaz. Le projet d'agrandir la place aux Herbes aboutit en 1891.

refined decorations. In 1725, the duke and the bishop teamed up to embellish Uzès. The ditches behind the rampart were filled up, to make a promenade. Beautiful private mansions were built, with several windows on the front.

The dukedom took advantage of this good fortune. Duke Charles-Emmanuel (1739-1760) intensively corresponded with Voltaire. Upon his death, the dukedom was wealthier than ever. His son François-Emmanuel was one of the mightiest landlords in the kingdom, owning land in the Vivarais, Bourgogne, Quercy, Poitou, Saintonge and the Hôtel d'Uzès in Paris.

From 1845 to 1848, a quiet period in French history, traditional life resumed in Uzès. The town then started to industrialise, particularly by the Alzon river. In 1854, Uzès boasted nearly thirty factories. In 1860, Henri Lafont established a liquorice factory which he entrusted to his son-in-law, Henri Abauzit. He registered the Zan brand name in 1884. Pottery also developed in Uzès from the 1820s. The town's pottery workshops produced refined and varied ceramic objects. Marbled ceramic appeared in 1835. Throughout the nineteenth century, the town was embellished and cleaned up. The road to Nîmes was built in 1821. In 1873, the cathedral was fitted with a new façade of neo-Romanesque style, because the original front was deemed too modest. The

Uzès au XXᵉ siècle

La fin du XIXᵉ siècle et le début du XXᵉ siècle sont marqués par un personnage haut en couleurs, la duchesse d'Uzès. Née en 1847, Anne de Mortemart est l'arrière-petite-fille de Barbe-Nicole, veuve Clicquot, célèbre famille de Champagne. La duchesse d'Uzès est une féministe de la première heure et la première femme française à obtenir son permis de conduire, en 1898. Elle fonde d'ailleurs l'*Automobile-Club des femmes*. Décidement très originale, cette monarchiste finance largement le général Boulanger qui tente de renverser la République, mais aide également les œuvres de Louise Michel, figure d'extrême gauche, connue comme « la vierge rouge ».

L'activisme de la duchesse n'enraye cependant pas le déclin économique qui frappe Uzès dès le début du XXᵉ siècle. Les récoltes sont mauvaises, le phylloxera fait disparaître la moitié de la vigne, la sériciculture ne résiste pas aux maladies du ver à soie et à la nouvelle concurrence des soies asiatiques – le canal de Suez ouvre en 1869 – et aux premières fibres artificielles. Des ateliers de charité doivent être créés. La ville est désormais aux trois quarts catholique.

À la fin du XIXᵉ siècle, le maire Léonce Pascal s'emploie à restaurer l'hôtel de ville et à réparer la tour Fenestrelle. Cette évolution

streets were equipped with gas lighting. A long-standing project to enlarge the Place aux Herbes was implemented in 1891.

Uzès in the twentieth century

The end of the nineteenth century and the start of the twentieth century were marked by an ebullient character, the duchess of Uzès. Born in 1847, Anne de Mortemart was the great grand-daughter of Barbe-Nicole, widow of Clicquot, a famous Champagne family. The duchess of Uzès was an early feminist who was the first French woman to obtain a driver's license, in 1898. She even founded the Women's automobile club. Very original indeed, the monarchist duchess lent financial support to general Boulanger, who attempted to overthrow the Republic, but at the same time she supported the works of Louise Michel, a left-wing personality, known as the Red Virgin. An enthusiastic hunter, fond of riding to hounds, she shot more than two thousand stags in her life. The duchess' activism did not prevent the economic decline that affected Uzès from the start of the twentieth century. Harvests were poor and phylloxera annihilated about half of the vineyards. Silkworm breeding did not survive silkworm illnesses and fresh competition from Asian silk, after the opening of the

UZÈS.

reprend dans les années 1920. Des hommes de lettres locaux ou parisiens attachés à Uzès font un travail de recherche pour mettre en avant le passé historique et le patrimoine de la cité. L'association *Les Amis d'Uzès* est créée à Paris en 1927 dans le but de rechercher tous les documents permettant de valoriser la cité aux yeux du grand public. André Gide en est un membre éminent. Il raconte tout le charme et la douceur de vivre de la ville dans *Si le grain ne meurt*, publié en 1926. André Gide obtient le prix Nobel de littérature en 1947.

À la fin de la seconde guerre mondiale, en mai 1945, Jeanne Palanque est proclamée maire, l'une des premières femmes maires de France, comme un écho à l'engagement de la duchesse quelques décennies plus tôt. Mais c'est une autre personnalité du duché qui marque ce xxᵉ siècle à Uzès. En 1960, la ville est à l'abandon, méconnue. C'est alors que la marquise de Crussol d'Uzès intervient auprès d'André Malraux, ministre de la Culture : Uzès est classée ville d'art et d'histoire. Restauration et mise en valeur du patrimoine deviennent les moteurs de la renaissance de la ville pour en faire l'un des plus beaux témoignages historiques du Languedoc.

Suez canal in 1869, as well as the launch of artificial fibres. Charities had to be opened.

At the end of the nineteenth century, mayor Léonce Pascal fought to restore the town hall and to repair the Fenestrelle tower. André Gide (Nobel prize for literature in 1947) extensively wrote about the charm and the pleasant lifestyle of the town in *Si le grain ne meurt* (*If It Die*), published in 1926. At the end of the second World War, in May 1945, Jeanne Palanque was proclaimed mayor, one of the first female mayors in France – as if to salute the commitment of the duchess a few decades earlier. Yet it was another personality issued from the duchy who marked Uzès in the twentieth century. In 1960, the city was neglected and unrecognised. The marchioness of Crussol of Uzès then approached André Malraux, culture minister, and Uzès was recognised as a city of arts and history. The town's heritage was restored and brought out, driving the renaissance of Uzès as one of the most beautiful historical sites of the Languedoc.

Marie Susplugas

UZÈS.

LE DUCHÉ.
THE DUCHY.

FAÇADE DU DUCHÉ.
DUCHY FAÇADE.

L'ÉCU DE LA MAISON DE CRUSSOL.

THE COAT OF ARMS OF THE HOUSE OF CRUSSOL.

L'ALZON COULE
AU PIED D'UZÈS.

THE ALZON RIVER
FLOWS BENEATH UZÈS.

TOUR MÉDIÉVALE.
MEDIEVAL TOWER.

LE PAVILLON RACINE.

THE RACINE PAVILION.

LES QUATRE TOURS
EMBLÉMATIQUES : DE
GAUCHE À DROITE, LA
TOUR DU ROI, LA TOUR
DE L'ÉVÊQUE, LA TOUR
BERMONDE ET LA TOUR
FENESTRELLE.

THE FOUR EMBLEMATIC
TOWERS: FROM LEFT
TO RIGHT, THE KING'S
TOWER, THE BISHOP'S
TOWER, THE BERMONDE
TOWER AND THE
FENESTRELLE TOWER.

LA TOUR FENESTRELLE,
CAMPANILE ROND
DU XIIᵉ SIÈCLE.

THE FENESTRELLE
TOWER, A ROUND
CAMPANILE FROM THE
TWELFTH CENTURY.

PRISE AÉRIENNE.
AERIAL SNAPSHOT.

LA TOUR FENESTRELLE,
DÉTAIL.
DETAIL, THE
FENESTRELLE TOWER.

LA TOUR FENESTRELLE
ET LE PAVILLON RACINE.

THE FENESTRELLE TOWER
AND THE RACINE PAVILION.

FAÇADE DE L'ANCIEN ÉVÊCHÉ,
UN ATLANTE.

ON THE FRONT OF THE OLD
BISHOPRIC, A TELAMON.

L'ANCIEN ÉVÊCHÉ,
LA TOUR FENESTRELLE ET LA
CATHÉDRALE SAINT-THÉODORIT.

THE OLD BISHOPRIC,
THE FENESTRELLE TOWER AND
SAINT-THÉODORIT CATHEDRAL.

VUES AÉRIENNES.
AERIAL SNAPSHOTS.

L'HÔTEL DE VILLE.
THE CITY HALL.

LE CHARME DES FAÇADES.
CHARMING FAÇADES.

UN JARDIN PRIVÉ
ET SES BUIS.
A PRIVATE BOXWOOD
GARDEN.

LA DAME DE LA
FONTAINE ET SES
AMPHORES.

THE FOUNTAIN LADY
AND ITS
AMPHORAS.

LA PLACE
AUX HERBES.

THE PLACE
AUX HERBES.

ÉLÉGANTE TERRASSE
SOUS LES PLATANES.

ELEGANT TERRACE
UNDER PLANE TREES.

UZÈS ET SES BOUTIQUES.
SHOPPING IN UZÈS.

PLACE AUX HERBES,
LE MARCHÉ.

THE PLACE AUX HERBES,
THE MARKET.

FOIRES AU TRUFFES
ET À L'AIL, MAIS
AUSSI TISSUS, PANIERS
D'OSIERS, POTERIES...
TRUFFLES AND GARLIC
AS WELL AS FABRICS,
WICKER BASKETS,
PIECES OF POTTERY...

LE MARCHÉ.
THE MARKET.

LES ARCEAUX, TOUT
AUTOUR DE LA PLACE
AUX HERBES ET DE LA
PLACE DAMPMARTIN.

THE ARCHES, ALL
AROUND THE PLACE AUX
HERBES AND THE PLACE
DAMPMARTIN.

LES ARCEAUX.
THE ARCHES.

HÔTEL DE LA
ROCHETTE,
SON ESCALIER.

ROCHETTE
MANSION,
ITS STAIRCASE.

VILLE D'ART,
ENCEINTE DE L'HÔTEL
DES CONSULS.

A CITY FOCUSING ON
ARTS, HERE INSIDE THE
CONSULS HOTEL.

PAGES SUIVANTES
NEXT PAGES
HÔTEL DE JOUBERT.
JOUBERT MANSION.

HÔTEL CABOT DE
DAMPMARTIN.

SON ESCALIER SUR ARCS
RAMPANTS ET CLEFS
PENDANTES.

ITS SPECTACULAR
STAIRCASE WITH
HANGING KEY VAULTS.

CATHÉDRALE
SAINT-THÉODORIT,
DÉTAIL.

DETAIL, SAINT-
THEODORIT CATHÉDRAL.

PAGES SUIVANTES
NEXT PAGES

SAINT-THÉODORIT, SON
ORGUE DU XVIIᴱ SIÈCLE.

SAINT-THÉODORIT,
ITS ORGAN FROM THE
SEVENTEENTH CENTURY.

AU PIED DES TOURS DU ROI
ET DE L'ÉVÊQUE,
LE JARDIN MÉDIÉVAL EST UN
HAVRE DE PAIX.

AT THE FOOT OF THE KING'S
AND BISHOP'S TOWERS, THE
MEDIEVAL GARDEN
IS A HAVEN OF PEACE.

RUE DU COIN.
CORNER STREET.

RUE SAINT-THÉODORIT.
SAINT-THEODORIT STREET.

CHAQUE MAISON
A SON PUITS.

EVERY HOUSE HAS
ITS OWN WELL.

LE PUITS DE L'HÔTEL
DE LA ROCHETTE.

THE WELL OF THE
ROCHETTE MANSION.

UZÈS PRÉSENTE UNE
CONCENTRATION
EXCEPTIONNELLE DE
MONUMENTS CLASSÉS.

UZÈS BOASTS AN
EXCEPTIONAL DENSITY
OF HISTORICAL
MONUMENTS.

RUE DE LA CALADE.
CALADE STREET.

UN HEURTOIR.
A DOOR KNOCKER.

HÔTEL PONTANEL.

ARCHITECTURE LOUIS XIII
AVEC SES BOSSAGES ET
POINTES DE DIAMANT.

LOUIS XIII ARCHITEC-
TURE, WITH ITS BOSSES
AND SPIKES.

UNE FAÇADE
RENAISSANCE.

RENAISSANCE
FAÇADE.

LE PLAN SAINT-ÉTIENNE.
SAINT-ETIENNE SQUARE.

L'HISTOIRE DES VIGNOBLES ACCOMPAGNE DEPUIS TOUJOURS CELLE D'UZÈS.

THE HISTORY OF THE VINEYARDS GOES TOGETHER WITH THAT OF UZÈS.

LUMIÈRE D'AUTOMNE.
AUTUMN LIGHT.

Villages et paysages d'Uzège, les gorges du Gardon

Autour d'Uzès, le pays de l'Uzège offre nombre de villages d'exception, parmi les plus beaux du Languedoc : de Lussan à Saint-Quentin-la-Poterie, de Pougnadoresse à Aubussargues, de Castillon du Gard à la Capelle-et-Masmolène, entre autres merveilles à découvrir.

Construit par des moines, le pont Saint-Nicolas, qui date du XIIIe siècle, relie l'Uzège à Nîmes. En aval, le site de la Baume, au cœur de gorges du Gardon aussi belles que méconnues, offre une pause avant d'atteindre Collias, haut lieu touristique. En poursuivant le long du Gardon, c'est le pont du Gard qui se révèle, saisi ici dans toute sa majesté.

Villages and landscapes of the Uzège region, Gardon gorges

Uzès is surrounded by the area of Uzège and its magnificent villages: from Lussan to Saint-Quentin-la-Poterie, from Pougnadoresse to Aubussargues and from Castillon du Gard to La Capelle-et-Masmolène, among other superb spots that are well worth a detour.

Built by monks, the bridge of Saint-Nicolas, which dates from the thirteenth century, links the Uzège to Nîmes. Upstream is La Baume, a site in the impressive yet little-known Gardon gorges. There, you may catch your breath before you reach Collias, a tourist hot spot. Further along the Gardon river, the Pont du Gard stands tall and majestic.

LUSSAN.

SAINT-LAURENT-
LA-VERNÈDE.

POUGNADORESSE.

LA BASTIDE D'ENGRAS.

LA CHAPELLE
SAINT-JEAN.
SAINT-JEAN
CHURCH.

SAINT-VICTOR
DES OULES.

FONTARÈCHE.

SAINT-QUENTIN-
LA-POTERIE.

LA CAPELLE-ET-
MASMOLÈNE.

LA CAPELLE-ET-MASMOLÈNE.

SAINT-QUENTIN-
LA-POTERIE.

PAYSAGE DE PRINTEMPS.
SPRING LANDSCAPE.

SAINT-SIFFRET.

VERS-PONT-DU-GARD.

CASTILLON-DU-GARD.

ARGILLIERS.

FLAUX.

MONTAREN-ET-
SAINT-MÉDIERS.

ARPAILLARGUES.

AIGALIERS.

AUBUSSARGUES.

SERVIERS-ET-LABAUME.

SAGRIES.

VIGNOBLES ET PLATANES
FAÇONNENT LE PAYSAGE
ENVIRONNANT
LA CITÉ DUCALE.

VINEYARDS AND PLANE
TREES SHAPE THE
LANDSCAPE AROUND
THE DUCAL CITY.

APRES LES COULEURS
D'AUTOMNE, LE VERT DU
PRINTEMPS.

AFTER THE COLOURS OF
AUTUMN, SPRING GREEN
RETURNS.

LE PONT SAINT-NICOLAS.
SAINT-NICOLAS BRIDGE.

PAGES SUIVANTES
NEXT PAGES

LES GORGES DU
GARDON.

THE GARDON
GORGES.

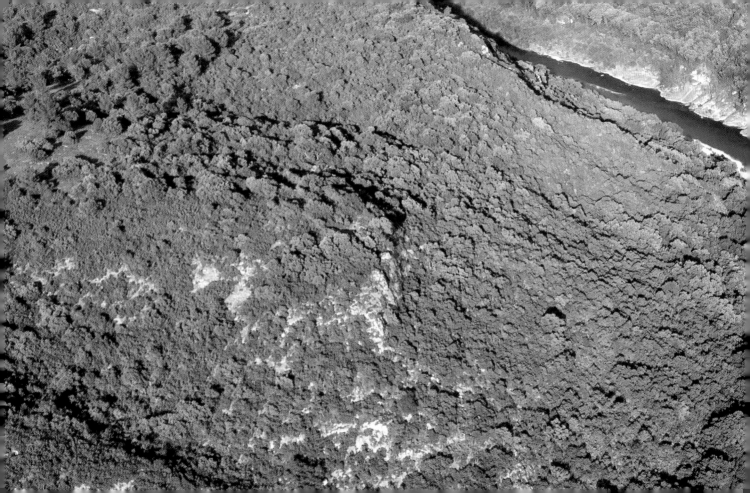

LES GORGES DU GARDON.
THE GARDON GORGES.

MÉANDRES ET PAROIS
CALCAIRES.

MEANDERS AND CHALK
WALLS.

LES GORGES ET LEURS
NOMBREUSES GROTTES.

THE GORGES AND
THEIR MANY CAVES.

LE SITE DE LA BAUME.
LA BAUME.

LA BAUME,
VUE DU CIEL.

LA BAUME,
SEEN FROM THE SKY.

LE GARDON.
THE GARDON RIVER.

COLLIAS.

COLLIAS, HAUT LIEU
DU CANOË.

COLLIAS, A FAMOUS
SPOT FOR CANOEING.

Le pont du Gard

Abordé du ciel, de la terre ou de la rivière en canoë, la beauté naturelle de cet ouvrage frappe par sa splendide intégration à l'environnement. Le matériau de construction vient de la carrière romaine de l'Estel, à quelques centaines de mètres en amont du pont.

Classé au patrimoine mondial de l'humanité, le pont du Gard est conçu et réalisé au premier siècle de notre ère. Nîmes compte alors trente mille habitants, et les Romains choisissent la source d'Eure, près d'Uzès, pour alimenter la ville, ses fontaines, ses thermes et ses jardins. Des cinquante kilomètres que compte l'aqueduc, le pont du Gard est l'ouvrage majeur et le mieux conservé : abandonné au début du vi^e siècle, l'ensemble de l'aqueduc a été pillé et il n'en reste aujourd'hui que quelques vestiges.

Du haut de ses 48,77 mètres, le pont du Gard est le pont-aqueduc romain le plus haut du monde. Sur trois niveaux, il est constitué de six arches au premier niveau – la hauteur d'une arche peut alors atteindre 22 mètres – onze au deuxième. Le dernier étage s'étend sur 490 mètres et compte aujourd'hui 35 arches de 4,80 mètres de large (12 arches ont été détruites au Moyen

The Pont du Gard

Whether you discover it from the sky, from the ground or from the river, on a canoe, you will be struck by the natural beauty of this monument, which fits perfectly into the landscape. It was built with stones extracted from the Roman quarry of Estel, a few hundred meters upstream.

A World Heritage site, the Pont du Gard was designed and built in the first century A.D. The city of Nîmes then boasted 30,000 inhabitants and the Romans picked the source of Eure, near Uzès, to supply water to the city, its fountains, thermal baths and gardens. The Pont du Gard is the best-preserved part of an aqueduct that once measured about 50 kilometers. Abandoned at the start of the sixth century, the aqueduct was pillaged. There are only a few vestiges left.

With a height of 48.77 meters, the Pont du Gard is the highest aqueduct in the world. It is built on three levels, with six arches on the first level (with a height of up to 22 meters) and eleven arches on the second level. The third level is 490 meters long and now features 35 arches that are 4.80 meters high and 1.90 meters wide. Twelve more arches were destroyed in the Middle Ages. The water used to run on this third level, in a canal 1.90 meters

LES TROIS NIVEAUX DU PONT DU GARD. — THE THREE LEVELS OF THE PONT DU GARD.

115

Âge). C'est dans ce troisième niveau que passe le canal haut de 1,90 mètre et large de 1,40 mètre, capable d'assurer un débit de 400 litres par seconde. Un enduit spécial assurait l'étanchéité du canal recouvert de larges dalles. Les dimensions sont telles que le montage des arches s'est fait en trois arcs indépendants, parfaitement visibles à condition de lever les yeux.

La réalisation de cet ouvrage d'art a nécessité l'activité d'un millier d'hommes durant cinq années. Le poids de l'édifice représente 50 000 tonnes, environ 11 millions de blocs de pierre dont certains pèsent 6 tonnes ! Le volume du pont combiné à ses fondations en pointe permettent de fendre la violence du courant lors des gardonnades – des crues brutales du cours d'eau qu'il domine, le Gardon. Les stigmates de la dernière crue, en 2002, donnent une idée du déchaînement des éléments : la végétation a été arrachée, laissant apparaître la roche blanche et érodée. Le pont routier accolé au pont du Gard, connu sous le nom de son architecte, pont Pitot, a été réalisé au XVIIIe siècle.

Les environs du pont du Gard forment également un ensemble remarquable, entre garrigue, gorges, falaises, grottes et forêt de chênes verts, un environnement classé et labellisé Grand site de France.

high and 1.40 meters wide, with a flow of 400 liters per second. A special coating was used to reinforce the waterproofness of the canal, which was covered with large paving stones. Due to the dimensions of the arches, the three layers were constructed independently – just look up and you'll see it for yourself.

The construction of this masterpiece kept about one thousand men busy for five years. The monument weighs 50,000 tons and it required about 11 million blocks of stone, some of them weighing six tons. The volume of the bridge and the strength of its foundations enable it to withstand the force of the current during the *gardonnades* – sudden floods of the Gardon, the river above which the bridge was built. The damage caused by the last of such floods, in 2002, gives some indication of the brutal force of the water: vegetation was torn out, revealing white and eroded rocks. The road bridge attached to the Pont du Gard and named after its architect, the Pitot bridge, was constructed in the eighteenth century.

The surroundings of the Pont du Gard also form a remarkable landscape, between the *garrigue*, gorges, cliffs, caves and holm oaks. This area has obtained the label of Grand Site de France.

AU PREMIER PLAN,
LE CHÂTEAU
SAINT-PRIVAS.

IN THE FOREGROUND,
THE SAINT-PRIVAS
CASTLE.

AU DESSUS DU DERNIER
NIVEAU.
ABOVE THE UPPER LEVEL.

ARRIVÉE PAR LE GARDON.
APPROACHING THE BRIDGE
FROM THE GARDON RIVER.

VUES AÉRIENNES,
LEVER DU SOLEIL.

AERIAL VIEWS
AT SUNRISE.

MAJESTÉ DE L'ÉDIFICE.
A MAJESTIC CONSTRUCTION.

Conception graphique et photogravure : dites voir!
AIGUES-MORTES

Crédit photographique : Jean du Boisberranger.
Texte Uzès : Marie Susplugas.
Traduction : Tess Campbell.

Achevé d'imprimer en juillet 2013 sur les presses de l'imprimerie Tipografia Artale, à Turin.
Dépôt légal : juillet 2013.
Imprimé en Italie.
Réalisé avec le soutien de la région Languedoc-Roussillon.